153

3829

Bouillon

3,829

Corda . I , 253 b = (1)
"   I , 254 a = (2)
"   I , 254 a = (3)
"   I , 254 a = (4)
"   I , 254 a = (5)
"   I , 254 a = (5)
.   II , 258 a = (6)

De la prelation & retenue feudale.

POVR MESSIRE HENRI DE LA TOVR DVC DE BOVILLON, PREMIER MARESCHAL DE FRANCE, VICOMTE DE TVRENE, DEMANDEVR.

CONTRE LE St DE NOAILLES, DEFENDEVR.

M. DCXII.

POVR MESSIRE

HENRI DE LA TOVR

DVC DE BOVILLON, PREMIER

Marefchal de France, Vicomte de Turene, demandeur.

CONTRE LE SIEVR DE

NOAILLES, DEFENDEVR.

ONSIEVR le Duc de Bouillon a faict affigner le Sieur de Noailles à deus fins : l'vne, à ce qu'il foit condanné exhiber les til-tres & contracts d'acqui-fition, en vertu defquels il ioüit de ce qui ha ci deuant appartenu au St de Lignerac en la terre & feigneurie de Noailles, tenue & mouuante du Vicomté de Turene. l'autre à ce que le St de Noailles foit con-

A ij

danné lui delaiſſer par droit de prelation
& retenue feudale les choſes qui ſe trou-
ueront avoir eſté vendues par ces con-
traƈts.   .

Pour ce qui concerne l'exhibition, le
Sr de Noailles ha long temps ſouſtenu
n'y eſtre point obligé. Depuis, come il a
veu ſur ceſte conteſtation les parties ap-
pointées & reglées, il a produiƈt deus
côtraƈts : l'vn du vingt & troiſieme Iuillet
mil cinq cens ſoixante & ſeize, par lequel
eſt enoncé que Meſsre Franç. Robert de
Lignerac vend la part & portion qu'il
auoit en la terre & ſeigneurie de Noailles
à Meſsre François de Noailles Eveſque
d'Aqs, dame Ieanne de Gontaut doüai-
riere de Noailles ſtipulant pour lui : mais
d'autant qu'elle n'auoit aucune charge ni
procuration, il y a clauſe qui porte que
le contraƈt n'aura aucun effeƈt s'il ne plaiſt
au Sr Eveſque d'Aqs l'avoir pour aggreable. Tellement que ce n'eſt pas vne vente,
non plus que ſi on euſt ſtipulé, *Quanti*
volueris, Quanti æquum putaueris, habebis
emtum : quod eſt negotium imperfeƈtum. en
la l. *Quod ſæpe. §. 1. De contr. emt.* L'autre

contract est la vente faicte au Sr Evesque
d'Aqs le 22. Aoust 1579. lui present &
stipulant, du Chasteau terre & seigneurie
de Noailles, cens, rentes, bois, & autres
appartenances, pour le pris de huict mil
deus cens trente cinq escus. qui est le seul
contract qui soit ici considerable ; & contre lequel on ne peut alleguer prescription
de trente ans : d'autant que la demande est
faicte dés le 12. Aoust 1609. & d'ailleurs
il faudroit tousiours deduire le temps des
troubles.

Ce contract iusques à present, n'avoit
point esté exhibé, ni par le Sr Evesque
d'Aqs, ni par le Sr de Noailles son nepueu
& heritier. maintenant qu'il est produit,
reste l'autre chef de la demande concer-
nant la prelation & retenue feudale.

La demande est tres-iuste : & doibt estre
iugée au profit de Monsieur le Duc de
Bouillon pour trois raisons principales.

La premiere, Que le droit de prelation
& retenue feudale appartient aus Seigneurs de fief par la loi generale & vni-
uerselle des fiefs.

La seconde, Que ce droit ha esté de

tout temps obſervé dans le Vicomté de
Turene.

La troiſieme. Que la terre & ſeigneurie
de Noailles eſt de meſme condition que
les autres fiefs nobles relevans du meſme
Vicomté, & n’a aucun privilege ni pre-
rogative qui la puiſſe exemter de ce droit
commun.

Quant à la premiere, elle depend de
l’ancien vſage des fiefs : que nous n’avons
point, come le vulgaire croit, emprunté
des Lombards : mais que les Lombards, les
Milanois & autres nations d’Italie ont ap-
pris de nous, au meſme temps que nos anciens François y ont faict voir leurs armes
victorieuſes. L’Eſtat eſtoit lors tout mili-
taire & conquerant : tellement que les
Rois pour inviter par bienfaicts les plus
grands de leur court à les ſuivre & accompagner en leurs entrepriſes, leur faiſoient
part des terres & ſeigneuries qu’ils avoiét
conquis ſur l’ennemy : & ces grands là, à
l’exemple de leur Roi, bailloient certaines
dependances de leurs terres à ceus de leur
ſuite qui s’eſtoient faict ſignaler entre les
autres ; à la charge qu’ils ſeroient tenus en

recognoissance de ceste liberalité, les accompagner auec toute fidelité come eus estoient tenus accompagner leur Roi.

De là vient l'institution des vassaus & des fiefs, qui soubs le temps de Charles Magne estoient appellés *Beneficiarij sive Beneficiati, &, Beneficia.* De là vient aussi que les seigneurs de fief ont esté appellés *Comites;* & le destroit de leur fief, *Comitatus*, ainsi que remarque Otho Frisingensis, à cause du droit & du pouvoir qu'ils avoient de mener quand & eus les vassaus tenans fiefs & relevans d'eus. *consueuerunt singuli singula territoria ex hac comminandi potestate comitatus suos appellare.*

Or en mesme temps que les Seigneurs commancerent à s'acquerir des vassaus par le moyen de ceste liberale concession de fiefs, il leur fut necessaire d'establir ceste loi, Que les vassaus ne pourroient vendre ni doner leurs fiefs sans la permission expresse du seigneur. Autrement, il en fust avenu double inconvenient. l'vn, que celui qui eust acquis le fief du vassal sans le congé du seigneur, eust semblé ne

tenir rien du feigneur, ains feulement de
la convention faicte auec le vendeur.
l'autre, qu'il euft efté au pouvoir d'vn
vaffal, de fubftituer & fubroger en fa place
vn autre vaffal, tel que bon lui euft femblé;
voire le plus grand ennemi qu'euft le Seigneur, chofe abfurde & contraire à l'inftitution des fiefs, qui abhorre fur tout, *ne
invitus dominus alium, quam quem voluerit,
fibi acquirat vaffallum. lib. 11. feud. tit. xii.*

Donc pour obvier à cet inconvenient,
la mefme couftume qui a introduit les
fiefs, a faict, que l'on a diftingué *proprie-
tatem à beneficio.* De forte que *Proprietas
five Proprium*, eftoit ce qui a depuis efté
appellé, *alode*; *res mancipi*; κτῆμα ἰδιο-
στον καὶ ἀκαταδούλωτον, ce que chacun poffedoit
en plene liberté d'en difpofer : *Beneficium*,
ce qui eftoit tenu en fief, & qui eftoit
different de l'autre nature de biens, en ce
qu'il n'eftoit permis de l'aliener fans le
confentement du feigneur qui l'avoit gratuitement conferé. Et cefte diftinction fe
remarque en plufieurs endroits des capi-
tulaires de Charles Magne, mais princi-
palement au x x. du 111. liure, où il eft
dit :

dit : *Audivimus quod aliqui reddant beneficium noſtrum ad alios homines in proprieta-
tem, & in ipſo placito dato pretio comparant
ipſas res iterum ſibi in alodem. quod omnino
cavendum eſt. quia qui hoc faciunt, non bene
cuſtodiunt fidem quam nobis promiſſam ha-
bent.*

Depuis, come l'vſage des fiefs fut porté
en Italie, eſt avenu, que diuerſes contrées,
ſelon la diuerſité de leur humeur, l'ont
diverſement cultivé. les vnes l'ont main-
tenu conforme à ſon origine, avec prohibition d'aliener. *optima conſuetudine inter-
dicta feudi alienatio*, dit Obert. de Orto
li. 1. des Fiefs, tit. ix. les autres, & parti-
culierement les Milanois, ſe ſont portés à
l'extremité contraire; & ont levé l'inter-
diction, permettans la libre diſpoſition
& alienation. d'où vient, que le meſme
Obertus parlãt de ceſte nation li. 1. tit. iix.
dit : *Mediolanenſes irrationabiliter conſi-
derantes dicunt clientulum etiam totum feudum alienare poſſe ſine domini voluntate.*
Sur l'vne & l'autre vſance, interuint vne
troiſieme, avec telle mediocrité, qu'vn
vaſſal pouvoit ſans le conſentement de

B

fon feigneur, aliener la moitié de fon fief;
mais non plus.

Ceus qui les premiers ont redigé par
efcrit les couftumes des fiefs, jettans l'œil
fur l'anciéne & naïve inftitution des fiefs,
ont appellé *optimam confuetudinem*, celle
qui abfolument prohiboit l'alienation; &
PRAVAM CONSVETVDINEM, celle
qui abfolument la permettoit; Quant à
celle qui ne la permettoit & ne la prohiboit que pour la moitié, ils l'ont appellée,
BONAM CONSVETVDINEM.

Or en toutes ces trois couftumes le
droit de prelation & retenue feudale a
toufiours efté vfité; & n'y a eu autre dif-
ference, finon que, entre ceus qui approu-
uoient la prohibition abfolue, s'il avenoit
qu'un fief fuft aliené fans la permiffion du
feigneur, il eftoit loifible au feigneur de
le retenir & r'avoir par puiffance de fief
fans aucun rembourfement du pris, &
demeuroit le fief en pure perte au vaffal.
Entre ceus qui fuivoient les deus autres
couftumes, fçauoir eft *bonam*, qui ne permettoit d'aliener que la moitié; & *pra-
uam*, qui permettoit d'aliener le total;

ſoit en l'vne ſoit en l'autre, *ſive in bona ſive in praua*, touſiours le ſeigneur par la meſme puiſſance de fief eſtoit preferé à l'acquereur en rembourſant le pris. c'eſt le vrai ſens du paragraphe Porro. li. 11. feud. tit. 1x. *Porro ſive de* BONA *conſuetudine ſive de* PRAVA *quæramus, conceſſa erat domino pro æquali pretio redemtio.* & partant eſt vrai de dire que par le droit commun & par l'vſance vniuerſelle des fiefs les ſeigneurs ſont fondés en la prelation & retenue feudale.

Contre ce premier moien le Sʳ de de Noailles dit pour ſa principale defenſe, que la diſpoſition du paragraphe Porro ne faiƈt aucune foi & n'ha aucune auƈtorité entre nous ; Dautant que le livre des fiefs, d'où eſt tiré ce paragraphe, n'eſt qu'vn recueil de diverſes couſtumes locales, qui n'ôt nul effeƈt ni valeur hors leur deſtroit. Argument qui ſemble avoir quelque force, à le prendre en termes generaus : mais ſi on l'applique au faiƈt particulier, c'eſt vn paralogiſme & vne concluſion captieuſe.

Lès lois anciennes des Rhodiens tou-

chant la marine n'eſtoient que couſtumes
locales . Et toutesfois les Romains qui
ſont tenus pour les plus ſages legiſlateurs,
& qui ont doné lois à tout le monde,
quand il a eſté queſtion de differens con-
cernans la navigation, n'ont pas dedigné
de recourir aus lois navales des Rhodiens,
& ont inſeré dans leurs Digeſtes ſoubs le
tit. De lege Rhod. vne loi en langage Grec
de Voluſius Mæcianus, où nous voions
que l'Empereur Antonin aiant à iuger
vne depredation commiſe par les publi-
cains vers les Cyclades, prononça que tels
differens ſe devoient decider ſelon l'vſage
qui eſtoit obſervé entre les habitans de
l'iſle de Rhode, quand il ne contenoit rien
de contraire aus lois Romaines, τῷ νόμῳ τῶν
Ῥοδίων κρινέσθω τὰ ναυτικά.

Ainſi eſt il de cet ancien recueil de
couſtumes feudales : c'eſt maintenant le
livre & le droit cómun des fiefs, qui doit
eſtre obſervé & gardé parmi nous en matiere feudale, quand nos lois ou publiques
ou municipales n'y repugnent point.

Tell' a eſté l'opinion de tous les anciens
& celebres doƈteurs qui ont eſcrit depuis

que les livres des fiefs ont esté publiés.
Accurse, qui escrivoit sous Frideric ıı.
environ l'an M. CCXV, presque en mesme
temps qu'ils furent divisés en tiltres & ru-
briques come nous les voions, & peu de
temps apres Ardizo & Hugolinus, les ont
annotez de gloses & commentaires, ainsi
que le reste du corps de droit civil: Ce
qu'ils n'eussent faict, s'ils eussent esté sans
auctorité. Odofredus environ l'an M. CCC.
Balde & Alvarot environ l'an M. CCCC.
y ont pareillement travaillé, & ont tous
vnanimement tenu que ces livres doivent
seruir de loi par tout. *Quod iste liber sit au-*
thenticus, solennis, & seruandus, dit Balde
in prælud. feud. *probatur, quia multi glos-*
satorum vertices istum librum glossauerunt.
Et ideo pertinaces desinant latrare deinceps.
Aduertant ignorantes & mordeant sibi labia
reprehensores veritatis. Alvarot au prooeme
qu'il a faict sur ces mesmes livres, *leges seu*
decisiones scriptæ adductæ vel recitatæ in hoc
opere sunt allegabiles & seruandæ, quia semper
sic est obseruatum, & à tanto tempore citra,
cuius initij non exstat memoria. Guido Papa
Quæst. CCXCVII. *constitutiones feudales*
B iij

relatæ in librum feudorum faciunt ius com-
mune apud omnes. Guillel. Benedictus in
cap. Rainut. in ver. & vx. nom. Adel.
num. ix. *liber feudorum poſtquam in regno*
publice legitur facere, jus commune cenſetur,
vbi alia conſuetudo non reperitur. Bref, ceſte
opinion s'eſtant conſervée entre les plus
grands Iuriſconſultes qui ont veſcu de
temps en temps, noſtre grand Docteur
Iaques Cujas, πολλῶν ἀντάξιος ἄλλων, l'a ſuivie
& confirmée en la preface de ſon commentaire ſur ces meſmes livres,& en rend
ce teſmoignage : *hos quidem Jtaliæ mores*
& jus quod his libris digeſtum eſt, aliæ gentes
ſi qua in re proprys morib. deficiantur,libenter
obſeruant. Et ſi d'avanture il s'eſt trouvé
que Me Charles du Moulin & François
Hotoman aient tenu le contraire, cela
n'eſt pas ſuffiſant pour esbranler vn plus
grand nombre, où ſe remarque le nom de
Cujas, duquel, meſme en nombre egal de
Docteurs, faudroit hardiment dire ce qui
a eſté obſervé pour l'auctorité de Papinian,
en la l. vn. De reſp. prud. C.Th. *ſi numerus*
æqualis ſit, eius partis præcedat auctoritas, in
qua excellentis ingenÿ vir Cujacius emineat.

joint que le mefme du Moulin vingt & vn
an apres l’edition de fes commentaires fur
la couftume de Paris, a changé d’auis au
cinquantieme de fes conseils datté du
XIIII. Iuill. 1559. où il dit : *feuda non re-
guntur iure communi Romano , cui prorfus
fuerunt incognita ; fed proprio five peculiari
iure ex confuetudine veterum Francorum &
Longobardorum orto, qui in Infubria* ccιιιι.
annis regnaverunt.

Le conseil du Sr de Noailles objecte,
que ces livres n’ont point efté approuvés:
au contraire que les Princes, qui depuis
ont tenu l’Empire, en ont faict faire de
nouveaus,& fe fert d’vn lieu de Cufpinian,
qui dit de l’Empereur Frideric iii. *iurif-
peritos mediocriter dilexit , quod iuris æquita-
tem diceret ab ijs inverti , iuftitiámq. fœdari;
ob id librum de vfibus feudorum novum fieri
iufsit.*

Mais cefte objection n’a aucune force,
& quiconque y prendra garde,iugera que
Cufpinian s’eft mefpris. car il attribue à
Frideric iii. ce qu’il avoit extrait de Frideric i. duquel Radevicus Frifingenfis
au ii. li. efcrit en ces termes: *ad vltimum*

de iure feudorum quod apud Latinos scripto nondum sufficienter expreßũ fuerat, & pæne omnes eam beneficiorum iustitiam in iniustitiam converterant, leges promulgavit, quarum capitula præsenti annotatione subiecimus. Ces lois feudales de Frideric 1. ne sont autre chose que la Constitution transcrite par le mesme Radeuic au mesme endroit : où l'on voit par le premier chef, que l'alienation des fiefs est tres-estroittement prohibée, & avec telle rigueur, que le seigneur peut retirer & reprendre le fief aliené, sans rembourser l'acquereur, *feudum libere ad dominum revertitur.*

Or au temps que Frideric 1. feit ceste constitutió, Obertus de Orto & Gerardus Niger vivoient : mais ils n'avoient pas encore faict ce recueil de Coustumes feudales, que nous appellons livre des fiefs. le mesme autheur le remarque, en ce qu'il dit : *ius feudorum apud Latinos scripto nondum sufficienter expressum fuerat.* Guntherus li. viii. Ligur.

Mox de communi feudorum iure, quod illa Perspicuis nondum scriptis expresserat ætas.

Et n'est

Et n'eſt pas croyable que, ſi ce recueil euſt
eſté faiĉt, Otho Friſingenſis & Radevicus,
qui eſcrivoient ſoubs Frideric 1, euſſent
omis d'en faire quelque mention , veu
qu'ils parlent d'Obertus de Orto & de
Gerardus Niger ſur vn ſujeĉt moins re-
marcable. Tellement que la plus ſaine &
la plus ſeure opinion eſt, que ceſte compi-
lation n'a eſté faite que vers le comman-
cement de l'Empire de Frideric 11. ſoubs
lequel elle fut auĉtoriſée & publiée; come
le teſmoigne Odofredus Iuriſconſulte
proche de ce temps là.

Quant à ce qu'a eſcrit Cuſpinian que
Frideric 111. feit faire vn nouveau livre
des fiefs, cela ne porte aucun preiudice à
l'ancien . car aus paroles meſmes de Cuſpinian, ce nouvel œuvre changeoit ſeule-
ment l'ordre & la diſpoſition des rubri-
ques, ce qui de verité eſtoit à deſirer en
l'ancienne colleĉtion; mais ce changemēt
d'ordre n'a rien innové au droit; notam-
ment en ce qui concerne la prelation feudale declarée par le §. *Porro*, lequel meſme
ſe trouve tranſcrit de mot à mot ſoubs le
tiltre, *De vaſallo feudum alienante*, dans

C

vne pareille collection intitulée, *Libellus feudorum reformatus*, '& fort ingenieuse-ment faicte par vn docteur en droit nomé Bartolomæus de Baraterijs natif de Plai-sance, dediée à Philippe Maria Duc de Milan en l'année M. CCCCXLII. tout au cōmancement de l'empire de Frideric III. ce livre a esté en la librairie des Ducs de Milan iusques au temps du Roi Louis XII, qui le feit apporter en France avec plu-sieurs autres en sa librairie où, il est à pre-sent. & c'est le mesme livre duquel faict mention Iason in prælud. feud.

Donc ces coustumes feudales ou livres de fiefs doivent estre tenus pour le droit commun des fiefs. Et quelque diversité que l'on puisse remarquer en la collection, le droit de retenue feudale est tousiours demeuré en son entier, tellement vsité & recognu parmi nous, que par tous les en-droits où les coustumes ont esté redigées par escrit, il ne se trouve pas vne seule cou-stume qui le prohibe. au contraire, celle d'Auvergne art. XXI. tit. XXII. bié qu'elle oste aus seigneurs le droit de lods, toutes-fois elle leur laisse nommément le droit

de prelation & retenue. Chaſſanée ſur la
couſt. de Bourg. tit. des retraits. §. x,
apres avoir monſtré que c'eſt vne regle
generale que , *jus retentionis competit domino feudali* , allegue pluſieurs anciens
Docteurs qui ont meſme tenu que le retraict feudal eſt plus iuſte & plus legitime
que le lignager : qui eſt auſſi l'opinion de
Me Charles du Moulin ſur la couſt. de
Paris §. xiii. gloſ. 1. où il adiouſte , *retra-
ctum feudalem eſſe firmiorem & ſolidiorem,
& magis noſtrum, quam ſit retractus proxi-
mitatis.* la raiſon qu'il en donne eſt fort
belle & plene d'equité : *quia* , dit il, *retractus feudalis tacite ineſt infeudationi & inve-
ſtituræ, quæ cenſetur celebrata & conventa ſe-
cundum conſuetudinẽ loci & naturam actus.*
Ces mots, *naturam actus*, ſont fort remar-
cables , & veulent dire , que le retraict
feudal eſt tellement propre au ſeigneur,
que le fief ne peut eſtre conſideré ſans ce
droit, lequel faict partie de la nature &
eſſence du fief. & come dit le meſme ICte
gloſ. 1. n. 8. *inſpecta antiqua feudorum natura, retractus feudalis eſt minus exorbitans,
imo nullo modo exorbitat,* QVVM ſit CON-

NATVRALIS IPSI FEVDO, ORIGINA-
LITER ILLI IN EXISTENS A PRIMIS
CONSTITVTIONIBVS FEVDORVM.
Aussi appellons ce droit, PVISSANCE DE
FIEF, come si nous disions, effect de la
nature du fief. Quant aux endroits où il
n'y a point de coustume escrite, & où nous
disons qu'il se faut regler par le droit commun, qui est le droit Romain, il est certain
que si les fiefs eussent esté en vsage au
temps que florissoit l'Empire Romain, il
faudroit es controverses feudales, en païs
que nous appellons de droit escrit, avoir
recours au droit ancien & cōmun establi
par les lois Romaines. mais puis qu'ainsi
est que l'vsage des fiefs est posterieur, il
faut en ce mesme païs de droit escrit, qui a
receu les fiefs, regler les questions feudales par le droit escrit des fiefs; mesmement quād ce droit semble tenir quelque
chose de la jurisprudence Romaine; come
il se remarque en la prelation feudale,
laquelle n'est differente de la prelation
emphyteutique establie en la loi derniere
C. de iu. emphyt. sinon que, *in emphy-*
teusi dominus vtebatur iure προτιμήσεως, qui

eſtoit, que celui qui vouloit vendre ſon droit emphyteutique, eſtoit obligé, avant que contraƈter, advertir ſon ſeigneur, & lui en faire offre pour le meſme pris qu'il en trouvoit de l'eſtranger avec lequel il deſiroit contraƈter. *at in feudo, venditione perfecta datur domino ius redimendi feudi ab emtore extraneo;* & par ce moien le ſeigneur ſe prefere à l'eſtranger. De ſorte que c'eſt touſiours vn droit de prelation. Et ſeroit vne trop grande ſimplicité de s'amuſer à ce qu'eſcrit Ferron li.11. tit.v111. de la couſt. de Bourd. *periculoſam eſſe comparationem feudi cum emphyteuſ.* au contraire la comparaiſon eſt fort bone & fort ſeure, pour ce qui concerne la prelation & retenue, & par la raiſon meſme qui ſemble avoir faiƈt doubter Ferron. car ſi en vente de droit emphyteutique, le bailleur, qui ne peut pretendre ſur la choſe par luy baillée ſinon vne preſtation pecuniaire laquelle demeure touſiours aſſeurée en quelque main que la choſe puiſſe paſſer, ha neantmoins ce droit, que ſon emphyteutiquaire l'en doit faire le premier refuſant pour le meſme pris que l'eſtranger eſt

C iij

preſt d'en bailler : à meilleure raiſon le
ſeigneur de fief, l'intereſt duquel conſiſte
en la fidelité & autres droits honorifiques
à lui deubs par le vaſſal, duquel il a faict
chois lors de la conceſſion de ſon fief, &
s'en eſt promis toute fidelité bienveillan-
ce & reſpect, doibt avoir quelque moien
d'empeſcher qu'on ne lui donne vn vaſſal,
non tel qu'il aura choiſi & aggrée, mais
tel que voudra choiſir & aggreer celui qui
vend ſon fief, & qui ne veult plus eſtre
ſon vaſſal. ce qui lui ſeroit impoſſible
d'empeſcher, ſi le droit de retenue lui
eſtoit denié.

C'eſt donc vn droit public, vſité par
tout où les fiefs ſont en vſage. Et de faict
en l'ancien recueil des couſtumes gene-
rales intitulé le grand Couſtumier de
France, ſoubs le tit. De ſaiſine en fief, il eſt
expreſſement remarqué, *Que le ſeigneur
apres le delaiſſement du vendeur peut retenir
l'heritage pour tel pris come l'achepteur l'avoit
achepté,* ET DE SON DROIT: *De ſon
droit,* c'eſt à dire, par puiſſance de fief, *ipſo
iure.* Ioannes Faber, qui a long temps eſté
Conſeiller au Parlement de Bourdeaus,

en fon commentaire fur le tit. de rer. divis.
aus Inftit. *Hodie*, dit il, *de confuetudine*
regni Franciæ feuda alienari poffunt etiam
fine voluntate domini : LICET DOMINVS
HABEAT IVS RETINENDI PRO PRE-
TIO. Guido Papa decif. CCCCXV. num. 11.
Si dominus vult retinere iure prælationis
pro eodem pretio poteft , etiam reſpectu rei
feudalis , DE CONSVETVDINE GENE-
RALI *præfentis patriæ .* Boerius fur la
couft. de Bourg. tit. De la reten. des chofes vend. fur ces mots : *le feigneur de fief*
la peut & doit avoir, fi bon lui femble par
retenue felon la couftume, faict cefte note,
qui eft decifive de la queftion qui fe pre-
fente : HÆC CONSVETVDO EST GENE-
RALIS IN TOTO REGNO FRANCIÆ:
quæ eft fundata fuper l. III. verfic. fiquidem
dom . maluerit. C. de iu. emphyt. & in c. 1. §.
Porro. Qualiter olim feud. al. po.

Le tefmoignage de ces grands Iurif-
confultes nourris & verfés en droit efcrit
eft confirmé par l'auctorité des chofes iugées és Parlemens qui fuivent le mefme
droit.

Au Parlement de Bourdeaus , l'arreft

eſt celebre, du xviii. Iuil. 1587. par lequel
la dame de la Faiette fut condamnée faire
revente de la terre & ſeigneurie d'Aix,
appartenances & dependances à Meſſʳᵉ
Anne de Levi Duc de Ventadour demandeur en retraiĉt feudal.

Pareil arreſt à Toloſe. le chapitre de
Monpellier avoit faiĉt vendre & adiuger
par decret vn fief noble avec ſes appartenances ; l'adiudicataire fut condanné le
delaiſſer par droit de retenue & puiſſance
de fief à Meſſʳᵉ Thomas de Bonzi Eveſque de Beziers, le xxvii. Iuin 1597.

Au meſme Parlement le xiii. Aouſt
1583. Carbon de Luppes Sʳ d'Arbelade
avoit requis vn fief lui eſtre quitté & de-
laiſſé par droit de prelation feudale : la
Cour voiant le procés, iugea qu'il avoit
pluſieurs fois approuvé l'alienation de ce
fief & qu'il n'eſtoit pas recevable en ſa
demande : mais en le deboutant, pour
monſtrer que la prelation lui euſt eſté
adiugée, ſi lui meſme ne s'en fuſt privé
par telles approbations de la vente, elle
adiouſta, *ſans preiudice audit de Luppes
dudit droit de prelation & retenue feudale
pour*

pour l'avenir.

Le Sr de Noailles allegue pour con-
tredit, Que ce droit n'eſt pas obſerué en
quelques lieus du Parlement de Toloſe,
& que Benedictus ſur le chapitre Rai-
nutius teſmoigne qu'en la ville de Caors
& en la viguerie de Toloſe les ſeigneurs
n'en vſent point. mais il importe de ne pas
tronquer les paroles de cet auteur. voici
les propres termes. *in præſenti civitate Ca-
turci eſt conſuetudo, quod domini feudales vti
non poſſunt iure prælationis, nec de neceſſitate
requirendi ſunt vaſſallum aut emphyteutam
nouum inveſtire : quia nihil aliud prætendere
poſſunt quā laudimia. idem ſervatur Toloſæ
per totam vicariam.* en liſant ce paſſage
tout entier il eſt aiſé de reſpondre à l'ob-
iection. Car premierement ce que remarque Benedictus, n'a lieu que dans la cité
de Caors & dans la viguerie ou vicairie,
c'eſt à dire dans l'enclos de la ville de Toloſe. c'eſt vne exception du droit cōmun,
laquelle n'a lieu & ne s'eſtend point hors
ſon deſtroit. Secondement, il faut prendre
garde que dans l'enclos de ces deus villes,

D

les biens tenus en fief confiſtent en maiſons, qui ne ſont pas proprement tenues
feudales, mais pluſtoſt tenues emphyteu-
tiques. Tellement que par ſucceſſion de
de temps, ces maiſons aiant eſté pluſieurs
fois vendues, les ſeigneurs n'ont tenu
compte de les retirer, ains ont mieus aimé
prendre lods & ventes, qui leur eſtoient
beaucoup plus vtiles, à cauſe dn grand
pris que ſe vendent les maiſons en ces
deus villes : de ſorte qu'en ce qui eſtoit
à leur chois, d'vſer de retraict ou prendre lods, par la longue vſance de l'vn,
s'eſt gliſſé la non vſance de l'autre. Quoi
que ſoit, ce droit de lods & ventes eſt
vn argument tres-certain que les vaſſaus
ou emphyteutes, ſont côtraints r'achepter
le droit de prelation par le paiement des
lods. En la ville de Bourdeaus ils ont eſté
plus diligens, & faiſans rediger par eſcrit
quelques articles de leur ancien vſage ont
diſertement exprimé l'alternative & le
pouvoir d'vſer à leur chois ou du retraict
ou des lods. car ſans cela il n'eſtoit beſoin
d'en faire mention dans leurs articles;
puis que de droit commun la prelation

leur appartenoit.

Voila pour ce qui concerne le premier moyen sur lequel est fondée la demande de Monsieur le Duc de Bouillon.

Quand au second, puis qu'ainsi est que ce droit est public & general, tant en païs coustumier que droit escrit, le sieur de Noailles ne peut alleguer aucune raison valable pour dire que les fiefs du Vicomté de Turene en soient exemts : veu que le Vicomté est enclavé dans les ressorts des Parlemens de Bourdeaus & Tolose, & participe des provinces de l'vn & l'autre Parlement, où sont intervenus les arrests, qui declarent si precisement que les seigneurs sont fondés en ceste faculté & puissance de fief. joint que en la production de Monsieur le Duc de Bouillon se trouvent plusieurs anciens titres homages affermes & autres contracts, par lesquels se voit que les acquereurs de fiefs nobles au dedans du Vicomté de Turene ou souventesfois deprié & requis les seigneurs Vicomtes de ne point vser de leur droit de retenue feudale , ains recevoir lods & ventes. autresfois les mesmes seigneurs

D ij

Vicomtes affermans quelques depe ndaces de leur Vicomté se font expreffement
refervé ces droits. autresfois les ont remis
& quitté gratuitement. autresfois les ont
cedés & tranfportés.

Le Sr.de Noailles iugeant qu'il n'y a
point de raifon de revoquer en doubte le
droit de prelation feudale,atafché de tirer
la caufe hors de la conteftation ; & s'eft
imaginé vne demande,come fi les conclufions du Sr demandeur tendoient au paiement des lods & ventes. A quoi fuffit de
refpondre,qu'elles tendent feulement à la
prelation & retenue.Non qu'il n'y ait raifons tres pertinentes , avec nombre de
tiltres anciens, fuivis & côfirmés par l'auctorité des arrefts folennellemét prononcés en païs de droit efcrit , qui monftrent
que les feigneurs ont droit de lods,mefme
en vente des fiefs nobles , tenus *cum omni
franchifia & libertate.*Car ce font les termes
des homages faicts par le Sr de Bourdeilles
pour la chaftellenie de Bernardieres,pour
raifon de laquelle il fut neantmoins condanné par arreft prononcé en robes rouges
au Parlement de Bourdeaus le XXIII.

Decemb. 1518, paier les droits de lods &
ventes au feigneur de Mareuil : Droits
tellement vfités & communs, non feulement dans le Vicomté de Turene, mais
par tout le païs circonvoifin, que les tiltres
produits au procés les appellent *capi folita*;
pour ce que *folent capi*. d'où vient le mot
de *capfol* , duquel vfe Alexand. lib. v.
Conf. v. & qui eft encore en vfage par
tout le païs , & c'eft ce que la couftume de
Bourdeaus appelle Efporle : qui vient du
mot latin *Sportula* : que les IC^tes Grecs dâs
les Bafiliques ont interpreté σιωήθίαι, Couftume , droit que les feigneurs de fief ont
accouftumé prendre & recevoir de celui
qui defire eftre accepté admis & faict leur
vaffal pour raifon de quelque fief nouvel-
lement acquis : *fportulas capi folitas pro lau-
dimio & accaptamento five acceptamento.*
depuis pour vfer de brieveté l'on s'eft con-
tenté de dire quelques fois fimplement
laudimia ou *lauda* , qui eft ce que nous di-
fons *lauds* ou *lods* : preftation qui fe paie au
feigneur de fief par le nouveau acquereur,
pour faire que *patronus emtorē feudi laudet*;
qu'il loue approuve & ait pour aggreable

D iij

l'acquisition : c'est à dire, qu'il luy plaise le
recevoir pour vassal. autres fois on a dit
seulement *capi solita.* & quelques fois *accaptamenta,* les Accaptes ; ainsi parlent-ils
encore à present en Limosin & Perigort,
& veulent dire, *acceptamenta,* εἰσδεκτικά, que
quelques vnes de nos coustumes appellent, Accordemés : pour le regard desquels
est fort remarquable la decisió de Boërius
ccxliii. où il dit, que, *res intelligitur concessa
secundum morem solitum.* & adiouste : *& ita
in hoc parlam. conclusum fuit pro domino de
Tonensi contra subiectos eius loci, contra quos
petebat acceptamenta sibi solui secundum
consuetudinem loci & aliorum locorum cir-
cumpositorum, quamvis in subditorum censu
& firma perpetua nihil de acceptamentis dictum fuisset : & latum arrestum die 17. A-
pril. 1357.* mais il est inutile de penetrer
plus auant en ceste recherche : car en vn
mot, il ne s'agit pas maintenant des lods
& ventes.

Le troisiesme moien est, Que la terre
& seigneurie de Noailles est subjecte à la
prelation feudale, & n'a aucun privilege
qui y deroge. Et ce moien n'est pas pro-

prement vn moien diſtinct & ſeparé, mais
pluſtoſt vne conſequence des precedens.
car aiant faict voir que les fiefs du Vicomté
de Turene ne ſont point exempts de ce
droit commun & general, il s'enſuit que
le fief de Noailles, tenu & mouvant du
meſme Vicomté, eſt compris ſoubs le meſ-
droit, & ſe gouverne par la couſtume generale qui regit les fiefs circonvoiſins. *in-
tuendæ ſunt conſuetudines regionum , & ex
vicinis exempla ſumenda*, dit Siculus Flac-
cus , parlant des conditions de chaque
contrée. Boerius Deciſ. CCLXIII. ſur vne
pareille matiere remarque fort à propos
la gloſe de la l.1. De feud. cogn. ſur le mot,
comprehenſus , qui porte que *in materia
conſuetudinis argui poteſt per ſimilitudinem
conſuetudinis. id eſt, de ſimilibus ad ſimilia.*
& adiouſte : *quod eſt hic multum notandum:
aliàs vna & eadem res inter plures per dominum à quo dependet diviſa, diverſo cenſe-
retur iure; quod fieri non debet. l. Eum qui
ædes. De vſuc. & inconveniens ſequeretur,*
QVOD PARTICVLA SVO NON CONVE-
NIRET VNIVERSO. puis il conclud: *Ergo
dicere oportet, quod omnia quæ ab ipſo domino*

dependent feuda sunt vniusmodi naturæ.

Partie adverse pretend que par anciens homages le fief de Noailles est qualifié franc & noble, & de là veut inferer qu'il n'est pas subject à la prelatiõ feudale. mais la consequence n'est pas bonne. car en cet endroit, ce mot, Franc, ne signifie autre chose que, Noble. franc & noble, sont synonymes. come quand nous disons que par la coustume generale de France les roturiers ne peuvent tenir fiefs, sans paier le droit de francs fiefs. qui est à dire, que les fiefs de leur nature sont francs & nobles, & ne peuvent estre tenus que par persones franches & nobles. Balde & tous les Feudistes qui ont divisé les fiefs en plusieurs especes, definissent le fief qu'il appellent francum, *Francum scilicet à servitijs, seu operis exhibendis.* Tellement qu'vn fief pour estre appellé franc, n'est pas pour cela exemt des conditions feudales: mesmement de celles qui n'ont en soi aucune marque de servitude, come est le retraict feudal, qui s'exerce, non contre vn vassal, mais contre vn estranger acquereur.

Nous tenons en France que les fiefs
font

font patrimoniaus; & toutesfois les Cours
fouveraines, par arrefts produicts de la
part du feigneur demandeur, ont approu-
ué la diftinction de Guido Papa Confil.
ccxxiiii, où il dit que cela eft vrai en
matiere de fucceffion ; mais non en matiere de vente & alienation, & ont condanné les acquereurs de fiefs francs & nobles au dedans des Comtés de Limoges &
Perigort, provinces de droit efcrit, paier
au Roi en qualité de Comte de ces deus
Comtés les droits de lods & ventes.

Or fi la qualité de fief franc & patri-
monial n'induit aucune exemtion contre
le droit de lods & ventes, quelle raifon y
a il de vouloir faire croire que la mefme
qualité puiffe apporter ou doner quelque
franchife contre le droit de prelation, qui
ne confifte pas en vne preftation pecuniaire, mais en vn droit purement hono-
rifique, & fans lequel les feigneurs ne fe
peuvent maintenir en la dignité de leurs
fiefs?

Mais donnons au defendeur qu'en fes
pretendus homages, ces mots, Franc &
Noble, denotent & defignent quelque

franchife & liberté:il ne faut que la teneur
des mefmes actes pour faire cognoiftre
que cefte pretendue franchife eft telle-
mët bornée & coarctée, qu'elle ne fe peut
eftendre iufques à l'exclufion du droit de
retenue feudale.Elle côfifte en cinq chefs.
le premier, Que le fief de Noailles ne peut
eftre confifqué , fi ce n'eft pour crime
cômis en la perfone du feigneur Vicomte
de Turene ou de fes enfans. le fecond,
Que le feigneur Vicomte faute de foi &
homage ne prend point les fruicts, ains
feulement peut contraindre par prife de
gages. le troifieme, Que le feigneur Vicomte ne peut impofer ni exiger aucune
taille levée ou côtribution. le quatrieme,
Que les Srs de Noailles ne font tenus accompagner le feigneur Vicomte en fuitte
d'armes, fi ce n'eft au dedans du Vicomté,
& pour la defenfe de fes droits. le cin-
quieme, Que les feigneurs Vicomtes ne
fe pourront demettre de l'homage ni le
tranfporter. Hors ces cinq chefs, il n'y a
rien qui exemte ce fief de la condition
commune des autres fiefs; au contraire,
ces pretendues exemtions & exceptions

ainſi enoncées & deſignées par le menu, entre leſquelles celle de la prelation feudale n'eſt point compriſe, confirment la régle generale, par laquelle tout ſeigneur feudal eſt fondé au droit de prelation. *recepti iuris eſt , quod licet feuda in aliquibus contra naturam feudalem concedantur, in reliquis tamen capitulis quæ non ſunt alterata feudum in recta & ſimplici natura remaneat.* Dec. Conſil. cxciii. Zaz. tractat. de feud. par. xii. num. xiii. Franciſcus Sonsbekius par. i.

Ceſte meſme queſtion a deſ-ja eſté iugée pour le fief de Magnanes franc & noble, ſis dans le Vicomté de Turene. Le ſeigneur demandeur aiant conclud contre Antoine & Iaquette las Fargues à ce qu'ils euſſent à luy delaiſſer par puiſſance de fief & retenue feudale la terre & ſeigneurie de Magnanes : Eus au contraire aiant allegué pour defenſes les meſmes moiens & raiſons qu'allegue à preſent le St de Noailles, & nommément, Que la terre de Magnanes eſtoit vn fief franc & noble, & qu'avenant mutation de vaſſal n'eſtoit deub que la foi & homage, Par

sentence donnée aus requestes du Palais
en ceste ville le dixneufieme Aoust mil
six cens, les las Fargues ont esté condannés
delaisser à Monsieur le Duc de Bouillon
ceste terre & seigneurie de Magnanes, par
droit de retraict & retenue feudale , &
es despens, Et n'en ont point appellé.

Tellement qu'il est vrai de dire, que ce
droit de retenue feudale est fondé & establi par la loi generale & vniverselle des
fiefs, observée tant en païs de droit escrit
que coustumier, recognue par le consen-
tement public des vassaus du Vicomté de
Turene & de toutes les autres seigneuries
circonvoisines, declaree & maintenue par
l'auctorité des choses iugées.

Et partant le seigneur demandeur doibt
obtenir iugement à son profit suivant les
conclusions par lui prises.

Signé en la minute,   N. RIGAVLT.

EXTRAICT DAVCVNES PIECES
DE LA PRODVCTION DV
Seigneur demandeur.

**D**ROIT de prelation & retenue feudale en vente de fiefs nobles dans le Vicomté de Turene & autres feigneuries circonuoifines refervé [a], recognu [b], cedé [c], adiugé [d].

[a] L'an 1376. Meffire Guillaume de Beaufort Vicomte de Turene eftabliffant vn Capitaine & Gouuerneur es terres d'Argentat & Servicres dependantes dudit Vicomté avec pouvoir d'inueftir les acquereurs d'heritages, adioufte cefte claufe : *exceptis tamen feudis nobilibus laudandis quibufcumque emtorib. ipfofq. emtores inueftiendi.* il faifoit cefte referve, afin que avenant alienation de quelque fief il en fuft adverti, pour vfer du droit de prelation, ou bien louer & avoir aggreable la vente, & en ce cas recevoir lods. 11. Prod. nou. B.

Affermes faictes es annees 1555. 1556. & 1561. des terres dependantes du Vicomté de Turene portant que le feigneur Vicomte s'eft refervé les commifes des fiefs nobles, leds, ventes, *retenues*, amendes, & autres droits & devoirs qui proviendront d'iceus. 111. Prod. nou. A.

[b] Homages faicts au feigneur Vicomte de Tur. pour acquifitions de fiefs nobles, qui portent que les acque-

F

reurs ont deprié & requis les feigneurs Vicomtes ne
point vfer du droit de prelation, ains louer & approu-
uer la vente & recevoir les lods. Prod. princip. C.

 ᶜ Ceffions & tranfports du mefme droit de prelation
& retenue par le Sʳ Evefque de Limoges pour les terres
d'Orfeuilles & Sᵗ Perdoulf, voifines du Vicomté de
Turene. II. Prod. nou. 2. & 3. p. N.

 ᵈ Arrefts pour la retenue feudale donnés au Parlement de Bourdeaus & Tolofe, dans le reffort defquels
eft le Vicomté de Turene.

 A Tolofe, au profit de Carbon de Luppes Sʳ Dar-
belade le 13. Aouft 1583. Prod. princip. B.

 Au mefme Parlement, au profit du Sʳ Evefque de
Beziers le 27. Iuin 1597. Prod. princ. B.

 A Bourdeaus, au profit de Monfieur de Ventadour
contre la dame de la Faiette le 18. Iuill. 1597. II. Prod.
nou. IIII. piece, M.

 Sentence de Mʳˢ des Requeftes du Palais du mefme
Parlemêt au profit du mefme Seigneur, contre le fieur
Daubrignac le 25 Iuin 1587. II. prod. nou. III. piece, M.

 Sentence de Meffieurs des Requeftes du Palais à
Paris, en datte du 19. Aouft 1600. par laquelle le droit
de prelatiõ & retenue a efté iugé au profit de Monfieur
de Bouillon en vente de la terre & feigneurie de Magnanes qualifiée fief franc & noble. II. Prod. nou. P.

Qᵛᴬⁿᴅ les feigneurs n'ont voulu vfer de retenue,
le droit de lods & ventes leur a efté recognu ᵃ,
referué ᵇ, adiugé ᶜ.

 ᵃ Tranfaction paffée le 5. Nou. 1301. entre Meffire
Raimond Vicomte de Turene, & Pierre Ramon Commandeur de la Tronquiere, avec claufe, que ledit
Commandeur *pro confirmatione & approbatione acquifitio-*
num foluet d. domino Vicecomiti Turenæ domicello quinquaginta

libras Turon. &c. Prod. princip. D.

Autre tranfaction paſſée. le 12. Ian. 1498. entre
Meſſire Antoine de la Tour Vicomte de Turene, &
Iaques de Genouillac Sʳ d'Aſſier pour l'acquiſition de
la Baronnie de Granat & Chaſtellenie de Loubreſſac
portant ces mots : *Soluendo tamen & pacando eidem do-*
mino Vicecomiti per dictum de Genouillaco pro omnibus capiſo-
litis ventis & laudimus ac alijs iuribus conſuetis ſummam quatuor
mille librarum monetæ currentis. Prod. princip. D.

ᵇ Cinq homages faicts à Meſſire Regnauld de Pons
Vicomte de Turene 11. Auril 1390. à la charge que
ceus qui faiſoient homage , *infra decem dies ſoluent no-*
mino prædicto cenſus ſiue accaptamenta, ſi quæ ſint . pour
doner à cognoiſtre, que ſi entre les choſes dont eſtoit
faict homage , ſe trouvoient quelques heritages feu-
daus acquis de nouveau & depuis la derniere preſtation d'homage, le ſeigneur recevant leſdits homages
n'entendoit preiudicier à ſes droits de retenue ou de
lods & ventes. 11. Prod. nou. D.

Six homages de l'an 1519. par leſquels les vaſſaus
ſont receus à homage pour leurs anciens fiefs , *Saluo*
& retento quod dictus Vicecomes non intendit recipere de ys
quæ nouiter acquiſita ſunt. pour ce que ledit ſeigneur ne
vouloit preiudicier aus droits de prelation ou de lods
& ventes qui lui appartenoient. 11. Prod. nou. E.

Quinze homages de la meſme année 1519. receus
avec ceſte clauſe : *Saluo & retento quod d. dominus Vice-*
comes non intendit recipere ad homagium , ſi aliquid N. nouiter
acquiſiuerit, niſi prius ſoluat capiſolita laudimia &c. 11. Prod.
nou. E. & F.

Quatorze homages de la meſme année, *cum pacto*
Quod d. dominus Vicecomes non intendit admittere nec recipere
de ys quæ d. N. nouiter acquiſiuit , ſi aliquid acquiſiuit , niſi
prius ſoluat dicto domino Vicomiti capiſolita laudimia &

tura inueſtitionis. III. Prod. nou. L.

Cent baux à fermes de terres dependâtes du Vicomté de Turene es années 1519. 1521. 1552. 1553. 1555. 1557.
1558. 1565. 1567. 1568. 1570. 1573. 1588. 1592. 1598.
portant reſerve des lods & ventes de fiefs nobles.
laquelle reſerve a eſté ainſi ſoigneuſement faiĉte par
les ſeigneurs Vicomtes de Turene, afin qu'ils peuſſent,
quand bon leur ſembleroit, vſer du droit de retenue, &
que leurs fermiers ne leur y peuſſent faire preiudice en
receuant lods & ventes. II. Prod. nou. H. & III. Prod.
nou. B. C. D. M.

¶ Arreſt au Parlement de Bourdeaus en robes rouges, 23. Decemb. 1519. pour les lods & ventes de la
Chaſtellenie de Bernardieres au profit du S͏ͭ de Mareuil. où eſt auſſi faiĉt mention du droit de prelation &
retenue. Prod. princip. E.

Trois Arreſts donnés au grand Conſeil le 28. Iuin
1605. dern. Aouſt 1606. & dern. Auril 1608. par leſquels les acquereurs de fiefs nobles dans le Comté de
Perigort voiſin du Vicomté de Turene, ſont condânés
paier lods & ventes au Roi. 1. Prod. nou. A.

Arreſt donné au Parlement de Paris 22. Auril 1595.
par lequel Claude & Guillaume Frontereaus freres,
ſont condannés paier lods & ventes au Receveur du
domaine, pour raiſon des fiefs nobles par eus acquis
en la Chaſtellenie de Bellac. 1. Prod. nou. B.